Inhalt

Bewegung am Himmel - Fluggesellschaften reagieren auf erschwerte Marktverhältnisse

Kernthesen

Beitrag

Fallbeispiele

Zahlen und Fakten

Weiterführende Literatur

Impressum

Bewegung am Himmel - Fluggesellschaften reagieren auf erschwerte Marktverhältnisse

Autor GENIOS BranchenWissen: M.Klems

Kernthesen

- Die steigenden Kerosinpreise setzen die Fluggesellschaften dauerhaft unter Druck.
- Die amerikanischen Fluggesellschaften schränken die Kapazitäten deutlich ein und fahren in die Gewinnzonen.
- Outsourcing und Kooperationen sind die Mittel der Airlines, um den Margenverfall aufzuhalten.

Beitrag

Die steigenden Ölpreise und die damit steigenden Preise für Flugbenzin setzen die Fluggesellschaften weiter unter Druck. Die IATA erwartet einen 3 Milliarden Dollar Gesamtverlust für die Branche. Die Airlines reagieren mit Stellenabbau, Kooperationen und Outsourcing Maßnahmen auf die Situation.

Airlines unter Druck

Die Ölpreise steigen durch die jüngsten Ereignisse im Nahen Osten weiter und damit die Preise für Flugbenzin. Der Weltverband IATA (International Air Transport Association) hat gerade die Ergebnisprognosen für die Branche in 2006 zurückgenommen. Nach einer erstmaligen Annahme von 2,2 Milliarden Dollar Verlust in der Luftfahrtbranche erwartet die IATA nun 3 Milliarden Dollar Gesamtverlust für die Branche. Dabei stehen die Kosten für Kerosin bei 26 Prozent für die Gesamtkosten der Airlines weltweit. Dieser Anteil betrug 2005 noch 22 Prozent. Die neu angesetzte Prognose sieht trotzdem positiv in die Zukunft. Der neue prognostizierte Gesamtverlust liegt unter dem Wert von 2005 mit 3,2 Milliarden Dollar. Dank des Anstiegs beim Passagieraufkommen von 6,7 Prozent und Fracht von 7 Prozent können die Fluggesellschaften mit einem Umsatzzuwachs von 413 Milliarden Dollar in 2005 auf 448 Milliarden Dollar im laufenden Jahr rechnen. (2), (11), (13)

Internationaler Druck verstärkt sich auf den Standort Deutschland

Deutsche Entscheider sehen in der internationalen Entwicklung einen starken Wettbewerbsdruck für die deutschen Luftfahrtgesellschaften. Projekte, wie der Ausbau des Flughafens Dubai auf eine Kapazität von 60 Millionen Passagieren und bereits anstehende neue Flughäfen im Wüstenstaat gefährden den Standort Deutschland. Dieser wird nach Ansicht der Entscheider durch Bürokratie und langwierige Genehmigungsverfahren international benachteiligt. Als Beispiel nannte der Vorstand der Lufthansa Mayrhuber das Streichen der Nachtflugzeiten des Berliner Großflughafens und das lange Genehmigungsverfahren für den Ausbau des Frankfurter Flughafens. Der Top Manager fordert von der Politik und Verwaltung Mut und Weitsicht. (15)

Strategiewechsel - Kapazitätsverlagerungen bei U.S. Airlines

Die amerikanische Flugindustrie schaut nach verlustreichen Jahren wieder positiv in die Zukunft. Trotz der hohen Ölpreise sind positive Signale im Markt erkennbar. Die großen U.S. Airlines haben begonnen, die Überkapazitäten abzubauen. Der amerikanische Verband Air Transport Association (ATA) meldet einen Rückgang bei den Kapazitäten der großen sechs U.S. Airlines um 21 Prozent. Hatten die Traditionsfluglinien aus den USA (American, United, Continental, Delta, Northwest, U.S. Airways) im Jahr 2000 gemeinsam noch 3 469 Flugzeuge, so sank die Zahl der Maschinen im vergangenen Jahr auf 2 747. Die ATA rechnet für 2006 mit einer Auslastung der U.S. Airlines von 85 Prozent. Gegenüber den Vorjahren wäre dies ein deutlicher Anstieg, mit 75,5 Prozent in 2004 und 77,6 Prozent in 2005. Ebenfalls verschoben haben sich die Kapazitäten der U.S. Airlines bezogen auf die Flugziele. Delta Airlines meldet für den Mai 2006 einen Rückgang der Inlandskapazitäten um 18 Prozent. Dagegen stieg die Auslandskapazität um 17 Prozent. (2), (4)

Rückschlag für den transatlantischen Luftverkehr

Die Verhandlungen zwischen Brüssel und Washington über eine Liberalisierung des transatlantischen Luftverkehrs sind unterbrochen worden. Noch Ende 2005 bestand seitens der europäischen Luftfahrtindustrie noch die Hoffnung auf eine Ausweitung des Geschäfts in Höhe eines Volumens von 18 Milliarden Dollar, doch dies ist vorerst auf Eis gelegt. Die USA und Europa verhandeln seit mehreren Jahren und waren bereits übereingekommen, dass europäische Fluglinien zukünftig aus jeder Stadt innerhalb der EU alle Flughäfen in den USA anfliegen dürfen. Wann die Gespräche über Open Skies wieder aufgenommen werden sollen, ist nicht bekannt. (16)

Wege aus der Kostenfalle

Zwar hat sich der weltweite Luftverkehr seit den Terroranschlägen vom 11. September wieder erholt und ist durch Billigflieger deutlich gewachsen, jedoch sind diese Entwicklungen in den Betriebszahlen der Airlines kaum so deutlich erkennbar. Gewinne fahren die Fluggesellschaften derzeit nur auf Langstrecken ein. Hier wächst bereits der Druck durch expandierende Airlines aus dem Nahen Osten, allen voran Emirates Airlines, die mehr als 120 Langstreckenjets im Wert von 30 Milliarden Dollar bestellt hat und größter Besteller des neuen Airbus A 380 ist.

Die europäischen Fluggesellschaften werden in den kommenden Jahren zahlreiche Unternehmensbereiche auslagern, um den anhaltenden Margenverfall zu bremsen. Eine Umfrage unter Top Managern der Branche listet bei der Neuordnung der Wertschöpfungskette zahlreiche Bereiche, die per Outsourcing geleistet werden sollen. Auf den Top Plätzen stehen hier die Bodenabfertigung, IT-Abteilungen und die Tätigkeiten der Call-Center. Zahlreiche Airlines befinden sich bereits in der Prüfung dieser Auslagerungsschritte. LTU prüft die Auslagerung der IT-Bereiche und die Lufthansa hatte bereits mit der Vergabe der Passagierabfertigung an externe Dienstleister gedroht. Dies, weil die Lufthansa Mitarbeiter rund ein Drittel teurer arbeiteten. Die Dienstleitungsgewerkschaft Verdi akzeptierte bereits ein neues Tarifmodell bei der Lufthansa für rund 12 000 Mitarbeiter, das niedrigere Lohnstufen vorsieht. Im kommenden Schritt fordert Lufthansa weitere Senkungen bei externen Stationen auf kleineren Flughäfen. Die Ausgliederung des Bodenservice in neue Abfertigungsgesellschaften steht bereits zur Diskussion.

Derweil suchen die Airlines weiter das Heil in Synergieeffekten durch Kooperationen oder Übernahmen. Die Fluggesellschaft Japan Airlines (JAL) schließ sich Anfang 2007 dem Bündnis Oneworld um British Airlines und American Airlines an. Die Japaner erhoffen sich nach einer Reihe von Sicherheitspannen eine Stärkung des Service- und Fluggeschäfts und letztendlich eine Imageverbesserung. Oneworld gehört zu den Hauptkonkurrenten der Star Alliance zu der die Lufthansa gehört.

Lufthansa konnte seinen Einfluss auf den Markt in China weiter ausbauen. Nach der vorwiegend regional operierenden Shanghai Airlines stößt nun Air China zur Star Alliance hinzu. Die Lufthansa will dabei das Engagement aus Europa in Richtung China um 25 Prozent steigern. Im pazifischen Raum schließen sich Air New Zealand und Quantas zusammen. Hier kontrollieren beide Airlines rund 70 Prozent des Marktes zwischen Australien und Neuseeland. Die beiden Fluggesellschaften sehen im Zusammenschluss neben Einspareffekten auch ein wehrhaftes Mittel gegen die wachsende Präsenz der Emirates Airlines in dieser Region. (7), (8), (10), (12), (16)

Fallbeispiele

Plus im Gewinn bei Virgi Atlantic

Die Airline des britischen Unternehmers Richard Branson hat mehr Geschäftskunden gewonnen und den Jahresgewinn damit verdoppelt. Seit der Ausweitung des Angebots auf ein Premium-Paket, sei der Anteil der Passagiergruppen in dieser Produktsparte um 10 Prozent gestiegen. Der Gewinn vor Steuern und Sonderbelastungen stieg auf rund 60 Millionen Euro. Die Airline verzeichnet einen Gesamtanstieg der Passagierzahlen gegenüber 2004 um 11 Prozent auf 4,9 Millionen Fluggäste. (5)

Air France-KLM Auf Gewinnkurs

Trotz der allgemeinen Probleme in der Luftfahrtbranche hat die französisch-niederländische Fluggesellschaft Air France-KLM den Nettogewinn im Geschäftsjahr 2005/2006 deutlich gesteigert. Dieser stieg um 29,3 Prozent auf 913 Millionen Euro. Dabei verbesserte sich das operative Ergebnis auf 936 Millionen Euro. Im zurückliegenden Geschäftsjahr sind die angestiegenen Kerosinpreise durch eine Steigerung der Passagierzahlen von 8,6 Prozent kompensiert worden. Die Auslastung der Airline stieg auf 80,6 Prozent, einem sehr guten Wert in der Branche. Für 2006 soll das Angebot von Air France-KLM um 5 Prozent ausgeweitet werden (Vorjahr 6,2 Prozent). Der Marktführer in Europa setzt auf die Synergieeffekte der Fusion der Airlines. Das Einsparziel von 490 Millionen Euro ist bereits jetzt fast erreicht. Bis März erbrachten die Synergieeffekte 465 Millionen Euro und sollen für das Geschäftsjahr 2008/2009 auf 670 Millionen Euro steigen. (14)

Cathay will Dragonair übernehmen

Für 1,05 Milliarden U.S. Dollar will Cathay Pacific den kleineren Wettbewerber Dragonair übernehmen. Mit der Übernahme verspricht sich die in Hong Kong ansässige Airline den Zugang zum chinesischen Festlandsmarkt. Bislang fliegt Cathay Pacific nur Peking und Xiamen in China an. Dragonair fliegt 23 chinesische Ziele an, darunter die sehr attraktive Verbindung Hong-Kong Shanghai. (1)

Brasiliens Varig im Sturzflug

Die brasilianische Fluggesellschaft Varig ist nach drohender Insolvenz zu einem Schleuderpreis verkauft worden. Die im Rahmen der Star Alliance mit der Lufthansa kooperiende Airline hatte vor einem Jahr Gläubigerschutz in Brasilien und in den USA beantragt. Zuletzt fehlte der brasilianischen Vorzeige-Airline das Geld für den Treibstoff und die Pfändung einzelner Maschinen drohte auf Auslandsflughäfen. Bei einer ersten Versteigerung des Unternehmens hatten die Mitarbeiter der Varig (TGV) eine Summe von 350 Millionen geboten. Dieser Betrag lag 50 Prozent unter der Forderung der Justiz. Nachdem die geforderte Anzahlung von 60 Millionen Euro seitens der TGV geleistet wurde ging die Airline für 19 Millionen Euro an die Varig-Log, dem früheren Cargo Ableger der Varig. Die Fluggesellschaft war bis 2003 unangefochten die Nummer 1 im südamerikanischen Luftverkehr. Der Billiganbieter Gol brachte das Unternehmen in die finanziellen Schwierigkeiten und das endgültige Aus kam durch die Verneinung der brasilianischen Regierung, Hilfe zu leisten. (3), (6), (9)

SAS schreibt Verlust

Die skandinavische Fluggesellschaft SAS verbucht einen höheren Vorsteuerverlust im ersten Quartal 2006 in Höhe von 150 Millionen Euro. Die Ursachen liegen nach Ansicht des Unternehmens in den hohen Treibstoffkosten und einem Pilotenstreik zu Anfang diesen Jahres. SAS hatte nach vier verlustreichen Jahren und einem strikten Sparprogramm in 2005 einen Gewinn erwirtschaftet. Auch für 2006 erwartet das Unternehmen trotz der Anfangsverluste einen doch noch positiven Verlauf. (17)

Quantas baut Arbeitsplätze ab

Die australische Airline will rund 1 000 Arbeitsplätze in der Verwaltung aufgrund der gestiegenen Kerosinkosten abbauen. Damit kürzt das Unternehmen ein Fünftel aller Jobs in diesem Sektor. Die zusätzlichen Ausgaben der überwiegend im Langstreckenverkehr arbeitenden Fluggesellschaft, sollen durch Einsparungen im zweistelligen Millionenbereich aufgefangen werden. Quantas wird rund 766 Millionen U.S. Dollar Mehrkosten an Kerosin in 2006 haben. (13)

Zahlen & Fakten

Top Airlines 2005 in Europa und Passagierzahlen in Millionen

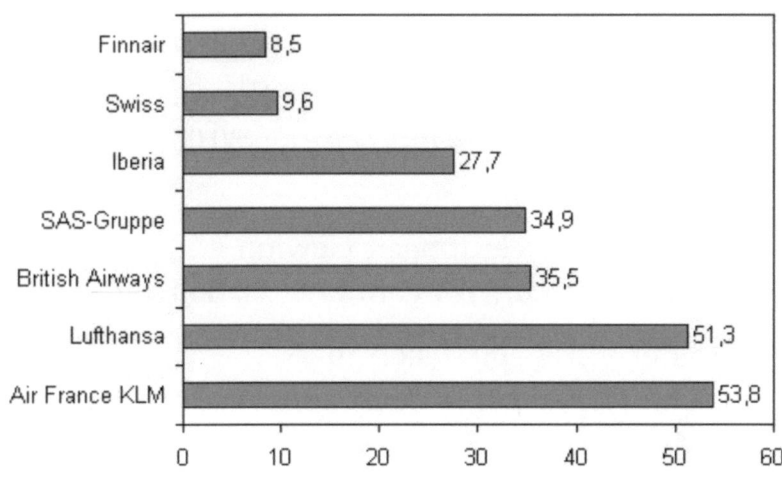

Quelle: fvw Recherche

Entnommen aus: fvw Nr. 13 vom 26.05.2006 Seite 088

Weiterführende Literatur

(1) Cathay Pacific kauft Wettbewerber
aus Frankfurter Allgemeine Zeitung, 10.06.2006, Nr. 133, S. 18

(2) Die neue Disziplin der amerikanischen Fluglinien
aus Frankfurter Allgemeine Zeitung, 10.06.2006, Nr.

133, S. 18

(3) Brasiliens Varig droht Insolvenz
aus Frankfurter Allgemeine Zeitung, 10.06.2006, Nr. 133, S. 18

(4) Delta setzt verstärkt auf internationale Strecken
aus Frankfurter Allgemeine Zeitung, 30.06.2006, Nr. 149, S. 17

(5) Virgin Atlantic verdoppelt Gewinn
aus Handelsblatt Nr. 121 vom 27.06.06 Seite 16

(6) Krise der Varig spitzt sich zu
aus Frankfurter Allgemeine Zeitung, 26.06.2006, Nr. 145, S. 17

(7) Fluggesellschaften lagern in großem Stil aus
aus Handelsblatt Nr. 117 vom 21.06.06 Seite 15

(8) Air New Zealand und Qantas kooperieren
aus Handelsblatt Nr. 116 vom 20.06.06 Seite 17

(9) Varig zum Schleuderpreis
aus Süddeutsche Zeitung, 22.07.2006, Ausgabe Deutschland, S. 26

(10) Japan Airlines stößt zu Oneworld
aus Frankfurter Allgemeine Zeitung, 06.06.2006, Nr. 129, S. 17

(11) Airlines fürchten 2006 höhere Verluste
aus Handelsblatt Nr. 107 vom 06.06.06 Seite 14

(12) Lufthansa baut Einfluss aus

aus WirtschaftsWoche online vom 2006-05-22

(13) Große Airlines tun sich schwer
aus Handelsblatt Nr. 097 vom 19.05.06 Seite 19

(14) Air France-KLM fliegt hohen Gewinn ein Bessere Auslastung, Synergien und Absicherung kompensieren gestiegene Kerosinpreise
aus Börsen-Zeitung, 19.05.2006, Nummer 96, Seite 13

(15) O.V., Wachsende Konkurrenz aus Dubai, HANDELSBLATT online 20060517 18:00:00
aus Börsen-Zeitung, 19.05.2006, Nummer 96, Seite 13

(16) Freier transatlantischer Luftverkehr USA bremsen Vertrag über "Open Skies"
aus HANDELSBLATT online 04.05.2006 10:45:27

(17) SAS schreibt wieder Verlust
aus WirtschaftsWoche online vom 2006-05-04

Impressum

Bewegung am Himmel - Fluggesellschaften reagieren auf erschwerte Marktverhältnisse

Bibliografische Information der deutschen Nationalbibliothek

Die Deutsche Nationalbibliothek verzeichnet diese Publikation in der deutschen Nationalbibliografie; detaillierte bibliografische Daten sind im Internet über http://dnb.d-nb.de abrufbar.

ISBN: 978-3-7379-3028-4

© 2015 GBI-Genios Deutsche Wirtschaftsdatenbank GmbH, Freischützstraße 96, 81927 München, www.genios.de

Alle Rechte vorbehalten. Dieses Werk ist einschließlich aller seiner Teile – z.B. Texte, Tabellen und Grafiken - urheberrechtlich geschützt. Jede Verwertung außerhalb der Grenzen des Urheberrechtsgesetzes bedarf der vorherigen Zustimmung des Verlags. Dies gilt insbesondere auch für auszugsweise Nachdrucke, fotomechanische

Vervielfältigungen (Fotokopie/Mikroskopie), Übersetzungen, Auswertungen durch Datenbanken oder ähnliche Einrichtungen und die Einspeicherung und Verarbeitung in elektronischen Systemen.